Antonio César Moreno Cantano

Videospiele als Herausforderung der demokratischen Werte

Titelbild: Westend61 / Alamy Stock Foto 2DDDA1W

Dr. Antonio César Moreno Cantano ist Professor in Zeitgeschichte und Mitglied der Forschungsgruppe für Sicherheit, Entwicklung und Kommunikation an der *Universität Complutense* in Madrid. Seit vielen Jahren kombiniert er diese Arbeit mit seiner Tätigkeit als Lehrer für die Sekundarstufe. Seine Forschungsschwerpunkte sind die Untersuchung von Videospielen als Propagandainstrument für internationale Akteure sowie ihr Potenzial, wichtigste aktuelle Probleme aus nationaler und internationaler Sicht zu spiegeln. Er hat etliche akademische Artikel und mehrere Bücher in renommierten Publikationen wie Oxford University Press, Convergence und Routledge veröffentlicht. Sein letzter Aufsatz ist *Geopolítica internacional, tecnonacionalismo y digital games* (Tirant lo Blanch, 2024).

Landeszentrale für politische Bildung Thüringen
Regierungsstraße 73, 99084 Erfurt
www.lztthueringen.de
2025

ISBN: 978-3-910740-50-1

Inhalt

Einführung

In Videospielen ist es möglich, soziale, wirtschaftliche und politische Themen aufzugreifen und so das Bewusstsein von Millionen von Spielern auf der ganzen Welt auf schnelle, einfühlsame und leicht zugängliche Weise zu beeinflussen.[1] Hier stellt sich die Frage, inwieweit sind Videospiele Teil von Kampagnen des digitalen Nationalismus und projizieren ein idealisiertes Bild der Vergangenheit und Gegenwart? In Videospielen werden nationale Wahrnehmungen und Positionierungen dargestellt. Konkret können dies territoriale Ansprüche, politische Allianzen oder wirtschaftliche Interessen sein. Staatliche Akteure nutzen vor allem Emotionen wie Angst, Hass, Wut und Nostalgie, die in Bildern umgesetzt werden und die Nutzer beeinflussen sollen.

Die Forscherin Rachel Hughes betont, dass Videospiele mehr als visuelle oder textliche Darstellungen sind, da sie auch Emotionen und Gefühle steuern können. Aus diesem Grund spricht sie von einer neuen Form »visueller Geopolitik«, da hier nicht nur eine Botschaft mit spektakulärer Grafik verbunden, sondern auch ein »Simulationsraum« emotionaler Natur geschaffen wird. Auf diese Weise lässt sich oft »Politisches in Spielen widerspiegeln«.

In den letzten Jahren wurde dieses Potenzial von Videospielen instrumentalisiert, um die Demokratie auf globaler Ebene infrage zu stellen. Es wurden Narrative verwendet, die zu politischer Radikalisierung, Strategien zur Rekrutierung

1 Es gibt einige renommierte Aufsätze, die auf die Möglichkeiten von Videospielen, die Welt zu »retten« oder direkt zu »verändern« eingehen. Asi Burak & Laura Parker, *Power Play: How Video Games Can Save the World*, und Jane McGonigal, *Reality is Broken. Why Games Make Us Better and How They Can Change the World*)

junger Menschen für terroristische Zwecke oder Desinformation führten. Insbesondere nach dem russischen Angriffskrieg in der Ukraine wurden diese Ziele offensichtlich.

Der Krieg in der Ukraine: Desinformation und strategische Erzählungen

Der Einsatz von Erzählungen und Bildern zur Beeinflussung des sozialen Verhaltens von Menschen ist eine Strategie, die gern in der Politik und in anderen Bereichen eingesetzt wird. Während die Erzählung die Art und Weise strukturiert, wie Menschen Ereignisse interpretieren und Werte sowie Überzeugungen annehmen, verstärken Bilder diesen Prozess. Visuelle Darstellungen wirken direkt, sind wirkungsvoll und bleiben nachhaltig im Gedächtnis. Die Kombination dieser Eigenschaften ermöglicht eine »Geschichte« mit Handlung und Bildern zu verbinden, die die Botschaft verstärken und auf diese Weise die Wahrnehmung prägt. In einer Welt, in der visuelle Informationen schnell und in großem Umfang aufgenommen werden, ist die Beherrschung visueller Erzählungen zu einer wesentlichen Ressource geworden, um die öffentliche Meinung zu formen und soziales Verhalten zu lenken. Daher sind sowohl Erzählungen als auch Bilder von grundlegender Bedeutung.

Die Information und Rezeption des Ukraine-Krieges findet inmitten einer technologischen Revolution statt. Der Zugang zu Informationen wird durch das Aufkommen neuer Kommunikationsquellen und -formate wie die sozialen Netzwerke und von Videospielen bestimmt. Was letztere betrifft, so wurden seit den ersten Tagen der russischen Invasion Clips aus beliebten Kriegssimulatoren wie *Arma 3* (Bohemia Interactive, 2013) verwendet, um idealisierte Szenarien des Krieges zu zeigen. Neben der Desinformation wurden digitale Spiele auch zur Umgehung der Zensur oder als Teil von Soft-Power-Strategien zwischen den Kriegsparteien eingesetzt. Sehen wir uns zwei Beispiele dieser Funktionsvielfalt an. Im Mai 2023 schuf

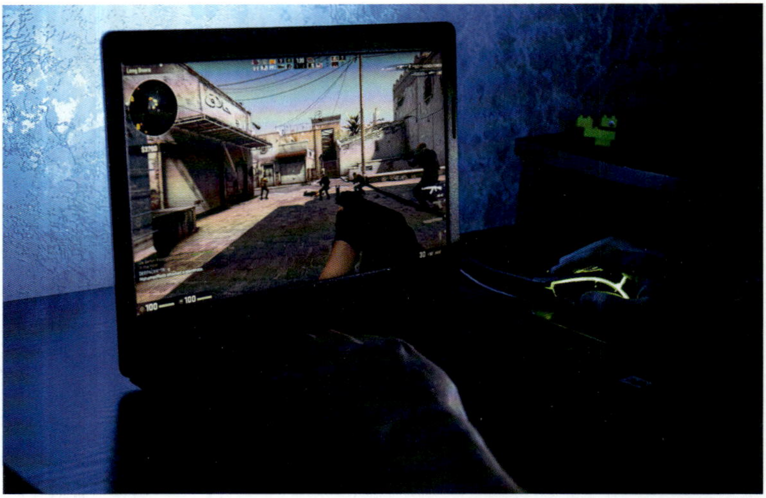

Rokas Tenys / Alamy Stock Foto 2FNX5CJ

Counter Strike: Global Offensive

die finnische Zeitung *Helsingin Sanomat* einen Bereich innerhalb des bekannten Kriegsvideospiels *Counter-Strike: Global Offensive* (Valve Corporation, 2012). Dieser Raum sollte die Realität des Krieges zeigen und gleichzeitig die Einschränkungen und Blockaden des Putin-Regimes umgehen helfen. Die Spieler finden einen versteckten Raum in einem virtuellen Keller, der durch ein großes Denkmal und ein brennendes Auto gekennzeichnet ist. In diesem Raum befinden sich Nachrichten aus Russland über den Krieg gegen die Ukraine, die von finnischen Kriegsreportern zusammengestellt wurden. Die im virtuellen Keller hinterlassenen Nachrichten enthalten Texte und Bilder über das Massaker von Bucha. Dies ist Teil interaktiver digitaler Aktivismus-Praktiken, wie das von »Reporter ohne Grenzen« geförderte Projekt *The Uncensored Library* im Videospiel *Minecraft* (Mojang Studios, 2011).

Das Videospiel *Atomic Heart* (Mundfish, 2023) kritisierten ukrainische Behörden heftig. Es wurde als Propagandainstrument und idealisierte Nachstellung der Sowjetunion (UdSSR) angesehen, da Mundfish »enge Verbindungen« zu großen russischen Unternehmen unterhält. So forderte der stellvertretende Premierminister und Minister für digitale Transformation, Mykhailo Fedorov, Sony, Microsoft und Steam öffentlich auf, *Atomic Heart* nicht auf ihren digitalen Plattformen zu verkaufen oder zu bewerben. In einer Erklärung auf Twitter schreibt Fedorov, er sei der festen Überzeugung, dass »... keines dieser Unternehmen ein blutiges Regime, Morde oder die Idealisierung des Kommunismus unterstützt«. Experten halten diese Kritik jedoch für unangebracht, da sich in dem Spiel (das in einer alternativen Zukunft spielt, in der die UdSSR noch existiert) eine bittere Satire auf den Kommunismus und Putins Russland verbirgt. Wie der Schriftsteller Jewgenij Golowtschenko betont, besteht die Gefahr dieses Spiels darin, dass »unabhängig davon, ob *Atomic Heart* pro-russisch ist oder nicht, dieses Produkt, sobald es mit Russland in Verbindung gebracht wird, im Erfolgsfall die russische Soft Power stärken wird. Und das ist alles, was Kiew verhindern will«.

Auf der Webseite des ehemaligen Vertreters der EU für Außenpolitik, Josep Borrell, heißt es: »Wir leben in einem ständigen Kampf der Narrative zu Themen, die unsere Zukunft bestimmen«. Im Jahr 2018 erklärte die deutsche Staatsministerin für internationale Kulturpolitik, Michelle Müntefering, dass »wir uns inmitten eines narrativen Wettbewerbs mit China und Russland befinden«.

In diesem Krieg der Strategien ist die Populärkultur zu einem wichtigen Medium geworden, um ein großes Publikum zu erreichen. Die Videospiele zum Krieg in der Ukraine sind Teil dieser Soft-Power-Manöver und der Propaganda. *Ukraine War Stories* ist der erste Titel, der diese Narrative in den Medien der Populärkultur übernimmt. Er wurde vom ukrainischen Studio »Starni Games« entwickelt und 2022, kurz nach der russischen Invasion in der Ukraine, veröffentlicht. Wie es in der Beschreibung auf der Plattform Steam heißt, besteht der Zweck dieses digitalen Spiels darin, »die Menschen auf der ganzen Welt darüber zu informieren, was hier passiert«. Um ein vielfältiges und breites Publikum zu erreichen, wird das Spiel in zwölf Sprachen (u. a. in Englisch, in Französisch, in Russisch und in Ukrainisch) angeboten.

Die Geschichte ist in Form visueller Romane aufgebaut, in denen Zivilisten die Hauptrolle spielen. Die Handlung findet in den ersten Monaten des Konflikts an drei Orten statt: Mariupol, Hostomel und Bucha. Jede dieser Erzählungen benötigt maximal eine Stunde Spielzeit und stellt den Spieler vor tiefgreifende moralische Entscheidungen. Der visuelle Teil wird durch zuversichtliche Bilder, und der textliche Teil durch einschlägige Quellen, wie die Veröffentlichung des Korrespondenten des Londoner *Institute for War & Peace Reporting,* A. Borden, *Ukraine War Diary*, bestimmt. Dieses digitale Spiel spricht von Völkermord, Verstöße gegen die Genfer Konvention und Verbrechen gegen die Menschlichkeit, wenn

Wikipedia National Police of Ukraine

Ukrainische Polizei untersucht ein Massengrab in Bucha nachdem die russische Armee abgezogen ist.

es sich auf das Massaker von Bucha bezieht. Hier wurden im März 2022 mehrere Hundert Zivilisten von der russischen Armee ermordet. »Oleksiy«, ein Rentner aus Hostomel, prangert die russische Kriegstreiberei an und verweist auf ein Fernsehbild, auf dem Wladimir Putin den Donbass als russisch anerkennt. In anderen Momenten werden die Auswirkungen der Luftangriffe auf die Zivilbevölkerung reflektiert, wobei ihr Widerstandsgeist, aber auch ihr Leiden hervorgehoben werden: »Tief in meinem Inneren wuchs meine Angst. Angst um mich, meine Familie, meine Heimat, mein Land. Angst um die Zukunft« (Dialog aus *Ukraine War Stories*).

Death from Above (Remote Control Productions, 2023) hat hingegen eine ausgeprägte militärische Komponente, da es einen Drohnenoperator zeigt. Hinter *Death from Above* steht Hendrik Lesser, Präsident der European Games Developer Federation (EGDF). Wenige Stunden nach dem russischen Angriff veröffentlichte diese Organisation eine scharfe Stellungnahme zur Invasion in der Ukraine: Sie »verurteilt das militärische Vorgehen des Putin-Regimes gegen die Ukraine und ruft zu internationaler Hilfe auf«. Die vom Militärischen geprägte Erzählung zeichnet sich durch Detailtreue und Realismus in der Darstellung von Karten und Waffen aus. Dank des gewünschten digitalen Aktivismus ist die Darstellung jedoch sehr intensiv in der Verurteilung der russischen Soldaten. Das Identitätsnarrativ verwendet symbolische Bilder, um Russen als Verbrecher darzustellen. So werden in dem Spiel visuelle Elemente wie Tätowierungen verwendet, die direkt von echten russischen Gefangenen stammen. Während einer der Missionen erscheint ein Poster mit Putins Foto und der Aufschrift »Wanted for Mass Murder«. Auch die Farbgebung in blau und gelb stellt eine Verbindung zur Ukraine her.

Glory to the Heroes (derzeit in Entwicklung beim ukrainischen Studio »Spacedev Games«) konzentriert sich auf die Schlacht von Izium bei Charkiw im September 2022. Das Spiel hebt verschiedene Einheiten der ukrainischen Armee hervor mit detaillierten Darstellungen von Armeeabzeichen (Patches) wie dem Totenkopf für die 72. Mechanisierte Brigade, der Bärentatze für das 15. Gebirgsjägerbataillon, dem Pferd für die 1. Panzerbrigade und dem Adler für die 93. mechanisierte Brigade. Ein originelles und unverwechselbares Element in diesem Spiel ist der Appell an das kulturelle Erbe als Mittel der nationalen Identifikation. Die einleitende Cutscene zur Schlacht von Izium, die in die Handlung einführt, zeigt zerstörte Gebäude und Denkmäler, wie das von den Russen beschädigte Kremyanets Mountain Memorial und die Polovtsian Stone Women (aus dem 9. Jahrhundert). Gleichzeitig heißt es in der Einleitung zum Videospiel: »Gedenkt meiner am Tag des Sieges, denn ich habe mein Leben für eure Freiheit gegeben. Im gesegneten Gedenken an alle gefallenen Verteidiger der Stadt Izium.«.

Eine weitere Episode, in der Putins Russland auftaucht und die Videospielwelt ihre geopolitischen Fantasien auslebt, ist die Modifikation »Millennium Dawn« in *Hearts of Iron IV* (Paradox Interactive, 2016). Es ist eine Adaption des Basisspiels, die die strategischen Erfahrungen des Zweiten Weltkriegs in den heutigen geopolitischen Kontext überträgt. Am

Wikipedia Ministry of Culture and Information Policy of Ukraine

Die Polovtsian Stone Women und das Kremyanets Mountain Memorial.

4. Februar 2023, wenige Tage vor dem Jahrestag des russischen Angriffs auf die Ukraine, spielte der pro-russische Streamer »GrishaPutin« ein Spiel, das in verschiedenen sozialen Netzwerken aus dem Hauptquartier der Wagner-Gruppe in St. Petersburg gestreamt wurde, gekleidet in russischer Militäruniform mit dem Z-Abzeichen und einer russischen Flagge im Hintergrund. Das Spiel war im Voraus so konfiguriert worden, dass es ein Szenario zeigte, in dem die Ukraine die Republiken Donezk und Luhansk angriff und Russland die Republiken verteidigte. Als Folge des Krieges zwischen den beiden Ländern eskalierte die Situation in einem Konflikt mit der NATO, der zu einem globalen thermonuklearen Krieg führte, aus dem Russland nach einem Friedensabkommen zwischen Donald Trump (der die U.S. Präsidentschaftswahlen 2024 gewann) und Wladimir Putin als Sieger hervorging. Ein weiteres Beispiel für das Propagandapotenzial von Videospielen.

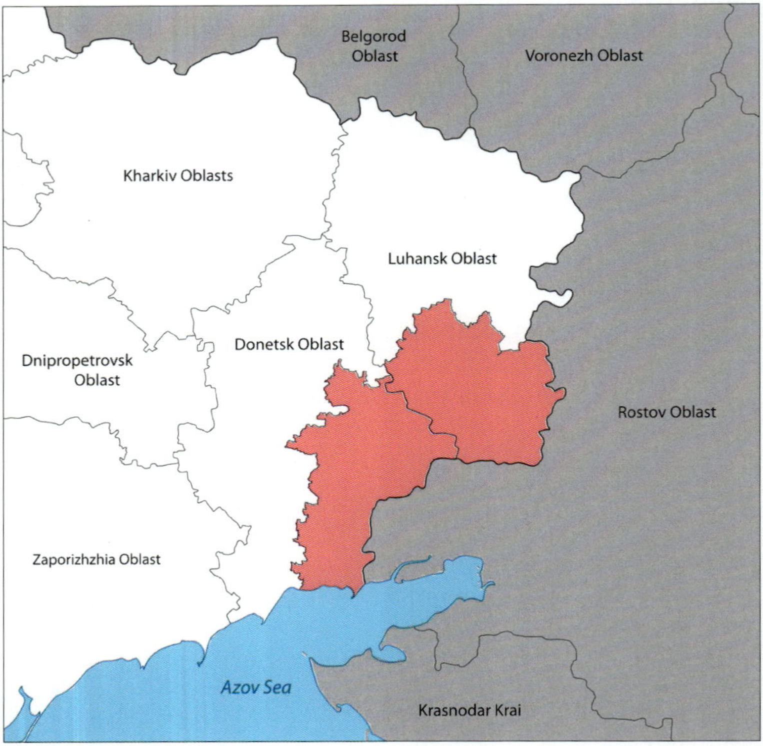

Maksim Grebeshkov / Alamy Vektorgrafik 2HT34AA

Die »Volksrepubliken« Donezk und Luhansk in der Ostukraine.

Online-Extremismus und Radikalisierung junger Menschen durch den globalen Terrorismus

In den Kommunikationsstrategien staatlicher Akteure und gewalttätiger nichtstaatlicher Akteure ist die psychologische Komponente von entscheidender Bedeutung. Die eigene staatliche Sicherheitspolitik soll gerechtfertigt werden, um die Köpfe und Herzen der Menschen zu gewinnen. Bleiben wir beim Thema US-Interventionismus und dschihadistischer Terrorismus. Die Position der USA lässt sich wie folgt zusammenfassen: »Wir arbeiten mit allen Nationen zusammen, die den Terrorismus verurteilen; wir sind Garanten für Freiheit und Demokratie; Regimewechsel in Zentralasien und im Irak werden Frieden und Stabilität bringen«. Die Position des islamischen Extremismus lassen sich so zusammenfassen: »Der Westen hat sich verschworen, um den Islam zu unterwerfen und zu demütigen; er will die Ressourcen und den Reichtum der Muslime stehlen«. Diese Erzählungen werden im Wesentlichen auf drei Achsen (Informationsoperationen, psychologische Operationen und Informationskriegsführung) verbreitet. Dabei haben das Internet (Webseiten und soziale Netzwerke) sowie digitale Werke wie Videospiele an Bedeutung gewonnen. Wie einige Experten betonen, ist die Kontrolle der Informationstechnologie zu einem vorrangigen Ziel für Gruppen wie Al-Qaida und den IS geworden. Das Potenzial, durch Bilder und Filmsequenzen Anhänger zu gewinnen und durch Erzählungen explizite oder unterschwellige Botschaften (je nach Fall) zu vermitteln, macht Videospiele zu einem idealen Medium in diesen Zusammenhängen. Die CIA und die National Security Agency plädieren seit 2008 dafür, Online-Spiele, wie das berühmte *World*

Wikipedia Boris Niehaus

Zerstörung im Gazastreifen während der Operation Protective Edge.

of Warcraft und *Second Life*, zu infiltrieren, um die Kommunikation verschiedener terroristischer Gruppen zu kontrollieren bzw. zu neutralisieren.

Ein weiteres Land, das sich das Potenzials von Videospielen bewusst ist, sei es aus der Perspektive der Sicherheit oder der Soft Power, ist Israel. Die wachsende internationale Kritik an seinen Militäraktionen im Gazastreifen und anderen Szenarien führten zur Einrichtung der »Hasbara«, einem Instrument der Öffentlichkeitsarbeit der israelischen Regierung. Hasbara (Erklärung) konzentriert sich darauf, anti-israelischen Diskursen in den Massenmedien entgegenzuwirken, insbesondere solchen, die als arabische Propaganda bezeichnet werden. Aufmerksamkeit haben hier auch digitale Anwendungen wie Videospiele bekommen. In diesem Zusammenhang schufen eine Reihe israelischer Videospielentwickler und -schöpfer unter dem Einfluss dieser Soft-Power-Strategie im Sommer 2014 einige Titel zur publikumswirksamen Verteidigung der

Operation Protective Edge (2014)[2]. Die meisten dieser Spiele wurden wegen ihres gewalttätigen Inhalts bei Google Play zensiert, ebenso wie diejenigen mit pro-palästinensischem Charakter. Führende Denkfabriken wie das »Jewish People Policy Institute« (JPPI) riefen im Rahmen der Hasbara zur Nutzung von Videospielen für ideologische und Anti-Terror-Aufklärung auf und verwiesen auf eine sehr anschauliche Erfahrung. Ein Mitglied dieser Einrichtung griff auf das Videospiel *Men of War: Assault Squad 2* (Digitalmindsoft, 2014) zu und sah, dass einer der Spieler als Avatar einen Soldaten mit dem Emblem der terroristischen Organisation Hisbollah trug und den Namen »TalesOfQusair« verwendete. Diese Verbindung hatte einen klaren politischen Bezug, da sich der Name auf die syrische Stadt Al-Qusair an der Grenze zum Libanon bezog. Nach einem Nachrichtenaustausch im Spielchat, in dem sich der Spieler als Jude zu erkennen gegeben hatte, teilte »TalesOfQusair« ihm mit, dass »Zionisten 120.000 Frauen und Babys im Libanon getötet haben«. Nach einer erbitterten Diskussion gab »TalesOfQusair« diesen Titel auf und nahm später eine neue Identität ohne diese Symbole an. Für Hasbara war dies ein wichtiger Beweis für das Potenzial dieser Kanäle und Medien.

Gemäß der Theorie der »moralischen Abkopplung« des Kanadiers Albert Bandura können Videospiele, insbesondere Kriegsspiele, zu einem Werkzeug im Dienste des Terrorismus oder der Terrorismusbekämpfung werden. Diesem Modell zufolge gibt es verschiedene kognitive Mechanismen, die ein Individuum dazu bringen können, ein Verhalten auszuführen, das seinen persönlichen Werten, Überzeugungen und Einstellungen widerspricht. Das bedeutet, dass kein innerer Konflikt zwischen zwei gegensätzlichen und sich ausschließenden Gedanken oder Gefühlen entsteht. Menschen sind in der Lage, ihre moralischen Überzeugungen in bestimmten Situationen

2 Die Operation Protective Edge begann am 8. Juli 2014 als Reaktion auf anhaltenden Raketenbeschuss Israels durch die Terrororganisation Hamas und andere militante palästinensische Gruppen aus dem Gazastreifen und endete am 26. August 2014 mit einer unbefristeten Waffenruhe.

auszusetzen. In vielen Fällen geschieht dies unbewusst in dem Maße, in dem Menschen die Realität radikal umdeuten. Diese »extreme Realität« rechtfertigt wiederum extreme Handlungen. So ist es recht einfach, moralische Rechtfertigungen für Gewalt zu finden. Das häufigste Argument ist »aber unsere Feinde haben Schlimmeres getan«, umschrieben werden Ziele, die »neutralisiert« und nicht getötet werden. Die Folgen von Gewalt werden verschleiert, indem weder Blut noch Wunden gezeigt werden. Viele der besten Ego-Shooter-Spiele nutzen diese Instrumente zur moralischen Enthemmung. Dies kann zur Akzeptanz von Gewalt beitragen und eigene moralische Kontrollmechanismen der Spielenden deaktivieren. James Der Derian vom Centre for International Security Studies der University of Sydney bezeichnet dies als tugendhafte Kriegsführung, die eine unblutige, humane und hygienische Sicht des Krieges fördert. So gibt es in den meisten Kriegsvideospielen kaum Zivilisten. Gegen diese vorherrschenden Mechanismen und Regeln wandte sich der uruguayische Forscher Gonzalo Frasca, Vater des Begriffs »Newsgames«, mit der Entwicklung von *September 12th* (2003) einem spielbareren Leitartikel (d.h. Information überwiegt gegenüber Interaktivität) über die militärischen Angriffe nach den Anschlägen vom 11. September 2001 in New York. Dieses Spiel bringt den Spieler dazu, über die Notwendigkeit nachzudenken, bewaffnete Konflikte zu vermeiden, um die Zivilbevölkerung zu schonen. Die Aufgabe im Spiel ist sehr einfach: Terroristen dringen in die Stadt ein (ebenso wie die Bevölkerung tragen sie arabische Züge: Burka für Frauen und Turban für Männer). Diese Terroristen müssen durch den Abschuss von Raketen »ausgelöscht« werden. Die Botschaft: »Es gibt keine Gewinner, nur Verlierer« ist in der Spielmechanik verankert. Mit jedem getöteten Feind vervielfacht sich ihre Zahl. Unbeteiligte Zivilisten, die ebenfalls Opfer dieser Angriffe sind, radikalisieren sich zu Terroristen, deren Zahl weiter zunimmt.

Peacemaker (ImpactGames, 2007) nähert sich der Komplexität des israelisch-palästinensischen Konflikts an, indem es an den Frieden als einzigen Lösungsweg appelliert. Zu den

Wikipedia Robert J. Fisch

Der Anschlag auf das World Trade Center am 11. September 2001

oben genannten Konzepten (Moral Disconnection Theory und Virtuous Warfare) müssen wir, wiederum in Anlehnung an Bandura, die wahrgenommene Selbstwirksamkeit hinzufügen. Menschen glauben an ihre Fähigkeiten, bestimmte Leistungen zu erreichen. Die Selbstwirksamkeit hat sich als zuverlässiges Instrument zur Untersuchung verschiedener Verhaltenskontexte, einschließlich Radikalisierungsprozesse, erwiesen. Die Selbstwirksamkeit wird sowohl durch das eigene Handeln als auch durch die Beobachtung der Handlungen anderer beeinflusst. Videospiele sind eine Mischung aus diesen beiden Faktoren: Die Spieler nehmen aktiv an Gewalthandlungen teil, aber die Erfahrungen sind stellvertretend, da nur die Avatare, mit denen sie sich identifizieren, virtuelle Gewalt ausüben. Immer realistischere Grafiken verstärken die Wahrnehmung von Handlungsfähigkeit. Videospiele könnten auf diese Weise eine gewalttätige Radikalisierung begünstigen. In diesen Möglichkeitsräumen wird eine simulierte Umgebung geschaffen, in der die Spieler kritisch denken oder sich mit dem dargestellten Thema tiefgehend identifizieren können. Professorin

Sybille Lammes, von der Universität Leiden, geht noch weiter und bringt Videospiele mit dem Konzept eines »magischen Knotens« in Verbindung. Sie ist der Ansicht, dass Spielräume nicht von der realen Welt getrennt sind, sondern dass beide Welten Knotenpunkte in einem breiten sozialen Netzwerk bilden, die sich gegenseitig bedingen. Diese Spielräume werden von einem politischen Kontext beeinflusst, der sie bestimmt und gleichzeitig Auswirkungen auf die Wahrnehmungen haben kann, die die Spieler virtuell erleben.

Schulzke unterstreicht in seiner Dissertation die Bedeutung von Videospielen, da sie ein breites Publikum ansprechen, was die Verbreitung ihrer Botschaften und Darstellungen erleichtert. Zudem wird der Spieler durch die Simulation zum aktiven Protagonisten der Erzählungen und nicht zum Beobachter wie im Kino oder Fernsehen. In *Call of Duty*, *Medal of Honor* oder *Tom Clancy's* ist der Einsatz von Folter, außergerichtlichen Tötungen, Drohnenangriffen oder der Einsatz von Atomwaffen zur Eliminierung des Feindes im Krieg gegen den Terror gerechtfertigt. Die Dynamik des Krieges gegen den Terror begründet in vollem Umfang den Feind zu vernichten, der als Vorstufe zu seiner Ausrottung völlig entmenschlicht wird. So lesen wir in der Einführungsszene von *Medal of Honor: Warfighter* (Danger Close, 2012): »Heute werden wir 5,56er-Rationen servieren. Gefolgt von unserem Hauptgericht: all die Taliban, die man essen kann. Wir hoffen, Sie mögen ausländische Gerichte.«. Kämpfer gegen den Terrorismus sind heldenhaft, sie können sofort und an jedem Ort handeln und allen Bedrohungen schnell und ohne zu zögern entgegentreten. Um die Identifikation mit diesen Figuren zu verstärken, werden hyperrealistische Grafiken (sowohl bei Uniformen als auch bei Waffen) oder Interaktionen zwischen dem Avatar und dem Spieler verwendet (zum Beispiel leuchtet und vibriert der Bildschirm, wenn eine Granate geworfen wird; er verdunkelt sich, wenn Figuren verwundet werden).

Die Reaktion auf diese dominanten Videospielnarrative, insbesondere von Seiten des Dschihadismus – sei es Al-Qaida oder vor allem der IS – bestand darin, die Benutzeroberflächen,

Filmsequenzen und Spielmechanik in Übereinstimmung mit ihren Interessen zu verändern. Die terroristische Gamifizierung (d. h. die Ausstattung eines Spielprodukts mit Inhalten, um Unterstützung zu gewinnen und Botschaften zu verbreiten) griff auf Spiele wie *Counter Strike*, *Call of Duty* oder *Grand Theft Auto V* zurück. Dabei ging es nicht darum, neue Spiele zu schaffen, sondern Bilder oder Videos der betreffenden Spiele zu verwenden, die dann auf Medien wie YouTube veröffentlicht wurden und hunderttausende Aufrufe und Downloads zu erlangen. Dschihadistische Zellen wie Ahlut-Tawid haben diese Art der digitalen Propaganda auf ihren eigenen Webseiten (wie Ghuraba) zu einem ihrer Hauptanliegen gemacht.

Diese Umdeutung von Videospielinhalten zu einem anderen Zweck als den, für den sie ursprünglich konzipiert wurden, ist als »Counter-Gaming« bekannt. Der Begriff bezieht sich auf die Wiederverwendung und Nutzung virtueller Räume, um sie zu unterwandern und zu versuchen, auf diese Weise bestimmte politische Ziele zu erreichen. Das Verfahren ist bereits recht bekannt, denn an Titeln wie *Counter Strike*, *Arma 3*

Rokas Tenys / Alamy Stock Foto 2FNX5EW

Grand Theft Auto V

und *Animal Crossing: New Horizons* wurden bereits Änderungen vorgenommen. Im Jahr 2006 nahm Al-Qaida Änderungen am Ego-Shooter-Videospiel *Quest for Saddam* (Petrilla Entertainment) vor, wodurch ein völlig anderes Spiel mit dem Namen *Quest for Bush* entstand. Hier schlüpften die Spieler in die Rolle eines Selbstmordattentäters (»Märtyrers«). Ziel war es in Anwesenheit des US-Präsidenten eine Bombe zu zünden. Diese Mod diente als Grundlage für die Ausstellung *Night of Bush Capturing: A Virtual Jihadi* (2008) der irakisch-amerikanischen Künstlerin Wafaa Bilal, die den US-Interventionismus und die Suche nach angeblichen Massenvernichtungswaffen im Irak kritisierte.

Einige Zeit später und mit großer Akzeptanz bei Tausenden von Internetnutzern wurde *Grand Theft Auto V* »transformiert«. Das Spiel wurde seit 2017 weltweit mehr als fünfundsiebzig Millionen mal verkauft, was auf seine Verbreitung hinweist und damit sein Potenzial für Propagandazwecke unterstreicht. Auf Grundlage der Grafik und Mechanik des Spiels veröffentlichten IS-Anhänger und -Sympathisanten 2014 auf Youtube einen Trailer mit dem Titel *Salil al-Sawarim* (»Kampf der Schwerter«), der dem Namen einer der bekanntesten Terrororganisation, Nasheeds (religiöse Hymnen) trägt. In nur drei Minuten sehen wir, wie die Mudschaheddin amerikanische Soldaten angreifen und Polizisten hinrichten, während monoton Lobgesänge auf Allah erklingen. Der Erfolg dieser Modifikation war so groß, dass mehr als sechs Jahre später immer noch kurze Spielszenen auf YouTube erscheinen. Auffällig daran ist, dass viele von Minderjährigen produziert wurden, die weit von dem ursprünglichen Kontext entfernt sind und in dieser Art von Kreationen eine reine Unterhaltung sehen, ohne sich mit der Ideologie und der Grausamkeit auseinander zu setzen, die die Aktionen des IS in Wirklichkeit darstellen. So wurde beispielsweise im August 2020 auf dem Konto eines niederländischen Kindes, »ItzRemus«, ein knapp fünfminütiges Video gezeigt, in dem ein Mudschaheddin Zivilisten auf der Straße verfolgte und mit einem direkten Kopfschuss hinrichtete.

Es gibt Videospiele, die unmittelbar von Organisationen entwickelt wurden, die von der internationalen Gemeinschaft als terroristische Organisationen eingestuft werden, wie z.B. die Hisbollah. Mit Hilfe ihres zentralen Internetbüros hat diese Gruppe *Special Force* entwickelt, das gleichzeitig im Libanon, in Syrien, Bahrain und den Vereinigten Arabischen Staaten veröffentlicht wurde. Die Erzählung ist ausgesprochen anti-israelisch und pro-islamistisch und stellt den bewaffneten Flügel der Hisbollah als »Widerstandskämpfer« dar. Die Botschaft auf der Spielschachtel ist eindeutig: »Sei ein Partner für den Sieg, kämpfe, widerstehe und zerstöre deinen Feind im Spiel für Stärke und Sieg«. Im Trainingsmodus werden Anleitungen für Angriffe auf israelische Politiker und die militärische Führung gegeben. Dieses Format wird verwendet, um ein idealisiertes Bild des Krieges zu erzeugen und auf diese Weise die Rekrutierung von Dschihadisten in den arabischen Ländern zu fördern. Die Fortsetzung *Special Force 2: Tale of the Truthful Pledge*, die während des Libanonkriegs 2006 spielt, erschien kurz darauf mit Bezug auf reale Ereignisse wie der Entführung zweier hebräischer Soldaten bei Zarit-Shtula und der Schlachten von Bint Jbeil und von Wadi al-Hujeir, bei der Panzer der israelischen Armee vernichtet wurden. Die 100.000 Exemplare des Spiels wurden schnell verkauft, was einen Propaganda- und Rekrutierungserfolg darstellt. Der Sprecher der Gruppe sagte: »Das Spiel vermittelt den Kindern die Kultur des Widerstands: Wir müssen der Besatzung widerstehen und das Land und die Nation schützen«.

Aber auch Produktionen westlicher Unternehmen greifen negative Stereotypen gegenüber der muslimischen Welt auf. Ein aktueller Fall ist das polnische Unternehmen CI Games, das bei der Präsentation seines neuen Titels *Sniper Ghost Warrior Contracts 2* eine Simulation auf einem Militärstützpunkt in San Diego (USA) organisierte. Die Terroristen waren mit weißen Tuniken und arabischen Keffiyeh (Kopftuch) bekleidet, wodurch eine direkte Verbindung zwischen der islamischen/arabischen Welt und potenziellen Feinden der Menschheit hergestellt wurde.

Wikipedia Israel Defense Forces

Waffen der Hisbollah, die während des Libanonkriegs 2006 von der israelischen Armee gefunden wurden.

Desinformation und rechtsextreme Narrative in europäischen Videospielen

Die globale extreme Rechte hat den virtuellen Raum zu einem wichtigen Schlachtfeld und Videospiele zu einer ihrer bevorzugten Waffen gemacht, die Online-Bedrohungen für die Werte der Europäischen Union (EU) darstellen. Sie nutzen das Medium in zweierlei Hinsicht. Einerseits haben sie Titel entwickelt, um ihre politische Agenda zu unterstützen, andererseits festigen sie auf diese Weise globale politische Identität. Die Akzeptanz in Verbindung mit dem sozialen und kulturellen Hintergrund der Mitglieder rechtsextremer Gruppen hat dazu geführt, dass Videospiele weltweit zu einem bevorzugten Medium zur Verbreitung von Bildern und Botschaften im Netz geworden sind. In diesem Zusammenhang meldete das Technologiemedium *Vice* im Jahr 2020, dass »eine deutsche rechtsextreme Gruppe versucht, Kinder mit einem kostenlosen Videospiel zu rekrutieren«. Dabei handelte es sich um *Heimat Defender: Rebellion*, einen Titel der Indie-Videospielfirma »Kvltgames«, die nach Angaben des deutschen Bundesnachrichtendienstes (BND) mit der ultranationalistischen Organisation »Ein Prozent e. V.« in Verbindung steht. Der Name dieser Gruppe (die 2015 gegründet wurde und eng mit bekannteren Organisationen wie der »Identitären Bewegung Deutschland« verbunden ist) beruht auf der Überzeugung, dass es ausreichen würde, wenn nur 1 % der Deutschen ihre Ideen teilen, um den politischen, sozialen und kulturellen Charakter des Landes zu ändern. Wie das Videospiel *Heimat Defender: Rebellion* zeigt, wird großer Wert auf professionelles digitales Marketing gelegt. Obwohl *Heimat Defender: Rebellion* auf Steam, der bekanntesten digitalen Plattform für den Download von

Videospielen, beworben wurde, wurde es angesichts des Protestes verschiedener demokratischer Akteure nicht zum Download bereitgestellt. Einer der Schöpfer verteidigte die zentrale ideologische Botschaft des Spiels so: »Ich möchte, dass die einheimischen Bürgerinnen und Bürger ein Mitspracherecht haben, wer in unser Land kommt und wer nicht«.

Wie haben die Schöpfer diese Ideen umgesetzt? Wie sie auf ihrer Webseite erklärten, bestand die Hauptaufgabe darin, »das Heimatland zu retten«. Und zu diesem Zweck präsentierten sie eine futuristische, dystopische Welt, die von großen Konzernen kontrolliert wird. Der Widerstand, angeführt von einzelnen Individuen, stellt die letzte Hoffnung für die Menschheit dar. Die Bezüge zur aktuellen Politik liegen nahe. Der Konzern für globale Homogenisierung, Globohomo, kontrolliert ganz Europa und wird von Technokraten geführt, die der Kaste der Cyber-Globalisten angehören. Ein großer Teil der Bevölkerung wurde zu unwilligen Konsumenten. Nur eine

Wikipedia Rhododendrites

Black-Lives-Matter-Proteste nach dem Tod von George Floyd.

kleine Gruppe leistet noch Widerstand und kämpft gegen diesen überwältigenden Gegner. Zu den Hauptfiguren, die sich dem »Establishment« entgegenstellen, gehören in rechtsextremen Kreisen bekannte Namen, wie Alex Malenki (Landesvorsitzender der »Identitären Bewegung« in Sachsen), Martin Sellner (Chef der »Identitären Bewegung« in Österreich) oder Götz Kubitschek (einer der Ideologen der »Neuen Rechten«). Darüber hinaus entstehen auch Bezüge zu politischen Themen. Einer der prominentesten ist der Tod von George Floyd und die Black Lives Matter-Kampagne in den USA. So wird in dem Spiel rhetorisch gefragt, warum die Ermordung eines deutschen Teenagers durch einen Migranten nicht die gleiche Mobilisierung hervorgerufen hat, und ermutigt sie, sich der Bewegung #Niemalsaufknien anzuschließen, »gegen antiweißen Rassismus und linke Ideologien des Selbsthasses«.

Medienberichten zufolge wurde *Heimat Defender* am Tag seiner Veröffentlichung fast 20.000 Mal vom Server der Entwickler heruntergeladen. Zahlen, die die starke Anziehungskraft widerspiegeln, die solche digitalen Angebote haben können.

Das Konzept der »Metapolitik« wurde von dem Philosophen Alain de Benoist und der »Neuen Rechten« in Frankreich entwickelt. Es besagt, dass politische Macht durch einen ethischen Rahmen legitimiert wird, der durch die spezifische Kultur einer Gruppe geprägt ist. Politik sei untrennbar mit Kultur verbunden. De Benoist ist davon überzeugt, dass um die politische Landschaft zu verändern, zunächst der Kulturkampf gewonnen werden muss. Auf der Basis eigener Werte, Ethik und Normen sollten eine »Hegemonie« erschaffen werden.

Das Videospielprojekt *Risimon*, das vom Forum »18–25 Jahre« gefördert wird, befindet sich in der Entwicklungsphase und ist selbst Teil der Webseite jeuxvideo.com. Der Titel setzt sich aus zwei Wörtern zusammen, dem berühmten Nintendo-Spiel *Pokémon* und »Risitas«, dem Spitznamen des spanischen Komikers Juan Joya Borja, der durch sein extrovertiertes Verhalten in einer andalusischen TV-Talkshow bekannt wurde. Obwohl sie sich scheinbar unpolitisch geben, werden viele Mitglieder dieses Forums mit der radikalen Rechten in Verbindung gebracht. Sie sind skeptisch und kritisch gegenüber Feminismus und Migration (JVFlux). Die Tradition politischer Videospiele in Frankreich ist sowohl lang als auch produktiv und lässt sich bis 1995 zurückverfolgen. *Jean-Marie, jeu national multimedia* war eines der ersten Videospiele, das mit der französischen extremen Rechten, in diesem Fall mit dem »Front National (FN)« in Verbindung gebracht wurde. Es wurde von Philippe Le Gallou entwickelt, dem Sohn von Jean-Yves Le Gallou, einem der einflussreichsten Intellektuellen der historischen »Neuen Rechten« Frankreichs. Mit all seinen Aktionen führt Le Gallou seit langem einen Kampf der »Kommunikation und Information«. Er verteidigt die Idee einer notwendigen »Re-Information«, um die Öffentlichkeit über die seiner Meinung nach »wirklichen« Probleme und Gefahren zu informieren, die die europäische Zivilisation bedrohen. Stichwörter sind Masseneinwanderung, Globalisierung, ethnische Konflikte, Islamisierung Europas, Unterwerfung Europas gegenüber den Vereinigten Staaten. Obwohl dieses Videospiel weitgehend in Vergessenheit geraten ist, trägt dieses Beispiel dennoch zum Verständnis der Geschichte der politischen Videospiele bei. Es war Gegenstand juristischer Auseinandersetzungen, nachdem die Vereinigung »SOS-Racisme« im Januar 1996 vor dem Zivilgericht in Nanterre Klage erhoben hatte. Obwohl das Spiel nicht offiziell von der Partei produziert und entwickelt wurde, der FN bleibt einer der Online-Pioniere bei der Nutzung von Informations- und Kommunikationstechnologien. Mit einer Webseite seit 1994 war die FN die erste institutionelle politische Partei, die in die Online-Kommunikation investierte. Diese Präsenz wurde mit der Einrichtung eines virtuellen Büros in *Second Life* im Jahr 2006 fortgesetzt. Als Erklärung für diese starke Online-Präsenz der Partei erklärte David Rachline, der damalige Koordinator der Webkampagne von Marine Le Pen, im Jahr 2012, dass etwa zwanzig Freiwillige des FN die Aufgabe hätten, »aktiv an den Diskussionen auf Jeuxvideo.com teilzunehmen«, und zwar insbesondere in dem bereits erwähnten Forum der 18- bis 25-Jährigen, das für das neue interaktive Projekt *Risimon* verantwortlich ist.

In Polen hat sich das polnische Studio »Destructive Creations« in den letzten Jahren mit Produktionen hervorgetan, die von Massenmord, Gewalt und der Fähigkeit geprägt waren, Hass zu schüren (z. B. *Hatred*, 2015). Im Jahr 2016 veröffentlichten sie den Titel *IS Defense*, in dem die Spieler die europäischen Küsten vor einer eindringenden islamischen Armee schützen müssen. In dieser spekulativen Fiktion breitet sich der IS weiter im Nahen Osten und in Nordafrika aus, bis schließlich ein Angriff auf Europa gestartet wird. Die Botschaft von *IS Defense* lautet demnach, dass Ausländer, insbesondere Muslime, ohne Ausnahme gefährlich sind und es »unsere Pflicht« sei, sie zu eliminieren. Der Geschäftsführer des Unternehmens, Jaroslaw Zieliński, hat in den sozialen Medien eine Änderung der Verfassung zum Schutz vor dem »radikalen Islam« und eine genaue Überwachung der Standorte von Flüchtlingslagern gefordert. Angesichts der Kontroverse, die dies ausgelöst hat, äußerte sich Zieliński direkt zu diesen Fragen: »Es tut mir leid, aber ich glaube nicht an die positiven Absichten der meisten dieser Flüchtlinge. Die meisten von ihnen kommen nach Europa, um wie Idioten von Sozialgeldern zu leben. Nicht für ehrliche Arbeit, nicht um etwas Positives hierher zu bringen«.

Ein weiteres großes Thema in politischen Videospielen war der Austritt des Vereinigten Königreichs aus der Europäischen Union (Brexit). In dem Videospiel *Not Tonight* (Panic Barn, 2018) wird zu Beginn des Spiels erklärt, dass das heutige Datum der 31. Dezember 2018 sei, dem ersten Jahrestag der Entstehung von »Albion«, einem neuen totalitären Staat, der sich nach der Trennung Großbritanniens von Europa gebildet habe.

Die Handlung setzt mit einem Bild des British Museums und der offiziellen Hymne *God Save the Queen* ein. Die geografische Zuordnung ist damit eindeutig. Sobald man das Museum betritt, erscheint dieser Text: »In einem alternativen

Großbritannien, in dem die Brexit-Verhandlungen gescheitert sind, hat eine rechtsextreme Regierung die Macht übernommen. Bürger mit europäischer Herkunft wurden verhaftet und ins Exil geschickt. Gezwungen, ihr früheres Leben aufzugeben, finden sie sich inmitten einer boomenden Wirtschaft wieder, kämpfen ums Überleben und kehren in die Stadt zurück, die sie ihr Zuhause nennen«. Die Hauptfigur ist ein Nachtclub-Türsteher, der vor kurzem seine britische Staatsbürgerschaft verloren hat. Aufgrund seiner Notlage ist er gezwungen, jede Art von Arbeit anzunehmen. Sein neuer Name ist ein deutlicher Hinweis auf die Ausgrenzung aller nicht-Briten: »Person of European Heritage # 112«. Die Schöpfer von *Not Tonight* bieten mit Ironie in Form von Dialogen und visuellen passiven Elementen der Szenarien eine satirische und bissige Vision gegen die Darstellung von »Albion First«. Der Anführer der rechtsextremen Partei ist Simon Taverner. Eine zentrale Szene ist der Eingang zum King's Head Pub. Rechts davon steht ein Zelt mit der Aufschrift »Vote UKIP«. Über dem ersten Wort befindet sich ein Strich und darüber ein Graffiti mit der Aufschrift »FUCK«. Die Botschaft ist direkt und unmittelbar. In dem miserablen Wohnblock, in dem unser Avatar wohnt, befindet sich ein neues Graffiti, in diesem Fall »GO HOME«. Alle Besitzer des Pubs und die meisten der auftretenden Personen verwenden eine fremdenfeindliche Sprache gegenüber Ausländern, was oft wiederholt wird.

Die politische Positionierung dieses Titels, zusammen mit seiner starken ironischen Aufladung in Bezug auf den Brexit, hat eine heftige Debatte ausgelöst. Dies ist kein Einzelfall, sondern gehört zu den Auseinandersetzungen, die in den letzten Jahren in den wichtigsten sozialen Netzwerken stattgefunden haben. In diesem Fall haben einzelne Gruppen oder Akteure, die den Thesen rechtsextremer Parteien sowie fremdenfeindlichen und rassistischen Diskursen nahestehen, die Veröffentlichung und Rezeption dieses Titels genutzt, um die Verbreitung ihrer eignen Agenda zu befördern. Verschiedene Nutzer, wie z.B. »KippaX« (im Kommentarbereich von

WCCFTECH), wetterten scharf gegen die Verantwortlichen von Panic Barn, denen er empfahl, »ein Spiel zu machen, das auf dem Überleben in Venezuela basiert…«. Im Anschluss an diese Worte tauschten eine ganze Reihe von Anhängern aufrührerische, hasserfüllte Ansichten über die muslimische Bevölkerung im Vereinigten Königreich aus, bezeichneten sie als Terroristen und stellten *Not Tonight* als das Produkt von »Marxisten, die die Medien übernommen haben« dar. Mike Rose, einer der Anführer des Titels, spielte diese Kritik herunter und erklärte, dass die Welle von Kommentaren nur die Attraktivität solcher Spiele bestätigte.

Mark Westley / Alamy Stock Foto G3X5D3

Ein Plakat der Partei UKIP, das dazu aufruft, für das Verlassen der Europäischen Union zu stimmen.

Wikipedia Colin

Anti-Brexit-Protest 2018 in London.

Zusammenfassung

In den letzten Jahren haben Videospiele zunehmend an Bedeutung gewonnen. Obwohl die Hauptaufgabe von Videospielen ursprünglich die Unterhaltung war, sind aktuell viele andere Funktionen hinzugekommen, dank der Erzählungen, der Texte, der Grafik oder der Töne und der Musik. Die große Zugänglichkeit, die Fähigkeit, Empathie zu erzeugen und die Anziehungskraft auf das breite Publikum (vor allem auf junge Menschen) hat diesem Format großes propagandistisches und politisches Potenzial verliehen. Immer mehr Staaten und private Unternehmen produzieren Videospiele, um ein vergangenes Ereignis (auch mit der Absicht meinungsbildend zu wirken) hervorzuheben oder um politische Entscheidungen zu reflektieren. In diesem Sinne ist es nicht verwunderlich, dass als Folge der russischen Invasion in der Ukraine Videospiele erschienen sind, die direkte Bezüge zur Europäischen Union angesichts dieser völkerrechtswidrigen Aggression enthalten. Dies ist der Fall bei ukrainischen und deutschen Titeln wie *Death from Above* oder *Glory to the Heroes*.

Politische Themen spiegeln sich auch in der Übernahme und Manipulation bestimmter Videospiele für terroristische Zwecke wider. Wir beziehen uns zunächst auf die Schaffung von Titeln, die mit dem islamistischen Terrorismus in Verbindung stehen, die diese Denkweise verbreiten und ihre realen Operationen in einer der simulierten Dimension des Videospiels rechtfertigen. Nichtdestotrotz gibt es berühmte Titel (wie *Grand Theft Auto V*), die modifiziert werden, um – unter Ausnutzung ihrer großen Popularität – ihre eigenen Ziele und Erzählungen einzubringen.

Schließlich steht mit dem Aufkommen rechtsextremer Gruppen das europäische Freiheitsmodell selbst in Frage. In

Frankreich, Polen und Deutschland nutzen immer mehr Gruppen die Welt der Unterhaltung (in diesem Fall Videospiele), um die europäische Einwanderungs- oder Sozialpolitik anzugreifen. Dies ist der paradigmatische Fall von *Heimat Defender* oder *IS Defender*. Was auf den Bildschirmen gezeigt wird, geht über bloße Unterhaltung hinaus und soll in vielen Fällen eine ideologische Bedeutung haben.

Literatur

Al-Rawi, A. (2016). Video games, terrorism, and ISIS'S Jihad 3.0. *Terrorism and Political Violence* 30 (4), 740–760. https://doi.org/10.1080/09546553.2016.1207633

Bogost, I. (2007): *Persuasive Games: the expressive power of video games*. Cambridge (Massachussets): The MIT Press.

Juul, J. (2011): *Half-real: Video games between real rules and fictional worlds*. Cambridge (Massachussets): The MIT Press.

Lakomy, M. (2019). Let's Play a Video Game: *Jihadi* Propaganda in the World of Electronic Entertainment. *Studies in Conflict & Terrorism* 42 (4), 383–406. https://doi.org/10.1080/1057610X.2017.1385903

Moreno, A. y Venegas, A. (2020): *Videojuegos y conflictos internacionales*. Sevilla: Héroes de Papel.

Moreno, A. (2024). *Geopolítica internacional, tecnonacionalismo y digital games*. Valencia: Tirant lo Blanch.

Muriel, D. and Crawford, G. (2018): *Video Games as Culture. Considering the Role and Importance of Videogames in Contemporary Society*. London: Routledge.

Schlegel, L. & Kowert, R. (2024). *Gaming and Extremism. The Radicalization of Digital Playgrounds*. London: Routledge.